Band I von Transparenz VII - WAAAGEN
Waagen und Wagen für Pädagogen und helfende Berufene

Dieses Buch ist für eine ganz besondere Schulklasse mit einer ganz besonderen Klassenlehrerin!

Danke, dass es euch gibt!

Dieses Buch ist erstmal ein Übungsbuch.
Eingeübt wird die Methode der Erörterung, damit ihr am Ende in der Lage seid, ganz schnell eure jeweilige Waage zu finden und schnelle, gute Entscheidungen treffen könnt – und somit eben auch wagen könnt.
Auch hier fehlen wieder die Seitenzahlen... fehlen sie?

Auch hier gibt es wieder Raum für eigene Skizzen, Gedanken, Bilder... schließlich schreibe ich ja Kunstbücher... :)

Ein leichtes Übungsbuch – versprochen!

Jeder, der mag, ist eingeladen hier mit seinem Exemplar ein gemeinsames Kunstwerk zu gestalten.

Und jeder der mag, kann natürlich weiter forschen... sich inspirieren lassen...

Und nun: Viel Freude!

IMPRESSUM

© 2016 Katja Kirsch
Herstellung und Verlag: BoD – Books on Demand, Norderstedt.
ISBN: 9783743116269

1 Bildungsbereiche in der Kinder- und Jugendarbeit 900 Punkte!

1.1. Musisch-kreative Gestaltung

a) Nehmt euch bitte für die erste Übung drei gute Buntstifte in den Farben Gelb, Rot und Blau!

b) Malt nun auf dieser Seite bitte einen Kreis!

c) Unterteilt diesen Kreis bitte in drei (etwa gleich große) Teile!

d) Malt nun jedes Feld mit jeweils einer der drei Farben leicht aus.

e) Malt nun mit dem gelben Buntstift vom Zentrum des Kreises nach außen über den Rand hinaus Strahlen. Macht das reihum mit jeder Farbe!

f) Nun malt bitte mit jeder Farbe noch einmal **leicht** reihum **um den gesamten Kreis**!

g) Wiederholt Aufgabe f) so oft ihr mögt. Was entsteht bei dir für ein Bild?

1.2. Spiel

Fangen wir nun mit der ersten Erörterung an!
Eine Erörterung listet immer erst Vor- und Nachteile oder auch Pro- und Kontraargumente auf und schließt dann mit einem Fazit/ einem Ergebnis oder auch einer SYN-THESE. Na, vielleicht wagen wir noch ein bisschen mehr? Mal sehen! :)

Fangen wir mal mit **bekannten** Spielen an!

Was sind Vorteile?
- Die Spiele kennt ihr richtig gut.
- Regeln kennt ihr gut und könnt sie gut erklären. Das gibt Sicherheit.
- Ihr habt schon viel Praxiserfahrung mit diesen bekannten Spielen.

Was sind Nachteile?
- Laaaaaaaaaaaangweilig, oder? Kennt doch jeder... öhhh....
- Immer das gleiche Spiel bringt doch keine Entwicklung.
- Spiele aus (meiner) Kindheit sind doch Kinderkram. Ich bin kein Kind mehr.

Synthese ganz einfach:

- Alte Spiele sind bekannt **und** langweilig.
- Regeln bringen Sicherheit **und** keine Entwicklung.
- Praxiserfahrung ist gut **und** Kinderkram.

Etwas mehr: Vielleicht weisst du schon, dass Entwicklung spiralförmig verlaufen kann. **Ich** sage: Was wichtig ist, kommt immer wieder. Dafür brauchst du gar nichts tun. Es kommt einfach. Es wird dir immer wieder begegnen.

Stehe doch zu deinen alten Kinderspielen und wie wär´s, wenn du deine Kreativität einbringst und sie ein wenig abwandelst? Dann behälst du die Sicherheit und musst nicht erst neue Regeln einstudieren und erschaffst doch **selbst** etwas Neues!

Platz für deine Lieblingsspiele:

Neue Spiele

Nachteile:
- Hach, man muss sie erst lernen.
- Regelbeschreibungen können „Romane" sein und sind manchmal echt kompliziert.
- Spielen will ich und nicht lesen und lernen!

Vorteile:
- Lernen ist Entwicklung. Alles, was ich lerne formt mein Selbst.
- Neues ist spannend und inspirierend.
- Neue Spiele sind näher am „Puls der Jugend" oder „Puls der Zeit".

Synthese:
- Lernen ist Arbeit **und** Arbeit entwickelt/ formt mein Selbst.
- Regelbeschreibungen sind lang, kompliziert **und** spannend und inspirierend. Eine Herausforderung!
- Spielen will ich **und** nah am Puls sein.

Etwas mehr: Lerne doch einfach nur Spiele, die dich richtig interessieren. Spiele, die es dir wert sind, auch eine lange Anleitung durchzulesen, weil dich das Spiel so reizt! Ja, manchmal musst du auch machen, was deine Lehrerin sagt. Aber mache es doch ihr zuliebe! „Liebe ist die größte Kraft, die alles schafft!" (LAIBACH).

Und: Gerade Altes kann ganz schön neu sein.... frag´ doch mal deine Oma oder deine „alte" Lehrerin nach ihrem Lieblingsspiel und mit wem sie es am liebsten gespielt hat! Und? Kennst du es? Wenn nicht, dann ist es NEU.
(Dann brauchst du keine Anleitung lesen, sondern kannst es dir persönlich und mit Liebe erklären lassen... eventuelle Fragen sofort klären....)

Deine neuen Lieblingsspiele:
Hier ist Platz für deine Herausforderungen!
Was reizt dich?
Welche Themen sind besonders wichtig?
Was willst du als Erzieherin unbedingt vermitteln?

1.3. Sprache(n)

Leute, ich finde die deutsche Sprache wirklich unglaublich wunderbar!
Sie ist so differenziert! Man kann Worte auseinandernehmen und zusammensetzen!
Ja, ich schöpfe auch manchmal neue Worte... manchmal und gerne.... <3

Was sind deine Lieblingsworte? Schreibe sie mit den drei Buntstiften verschieden groß hier auf!

Worte sind wichtig, um Aspekte des Lebens benennen und transportieren zu können.

Wenn ein kleines Kind hinfällt und weint, kannst du ihm sagen:
„Ja, das ist Schmerz."

So einfach lernt das Kind, sein Gefühl zu benennen und damit einzuordnen.

Wie viele Gefühle kannst du benennen? Male schreibend ein Bild!

Wir haben heute über Sprichworte gesprochen.
Ich behaupte: Wer die deutsche Sprache beherrscht, kennt gleichzeitig alles Wichtige über die deutsche Geschichte!
Zu viel versprochen?
Mal sehen.... das braucht noch etwas Zeit. **Alles zu seiner Zeit!**
Geschichtsunterricht gibt es ja leider nicht an einer Erzieherschule.... oder doch?
Ist er versteckt?

Fallen dir Sprichworte zu folgenden Themen ein? Denke an deine drei Stifte!

Körper

Seele

Gesundheit

Krankheit

Elemente wie Feuer, Wasser, Erde und Luft

„Elemente" wie Eisen, Stahl, Arbeit

Zeit/ Ticken/ Tageszeiten/ Jahreszeiten

Maschinen/ Dampf/ Schrauben/ Mechanik

Jetzt würde ich gerne deine Bilder sehen... vielleicht könnt ihr sie ja mal im Unterricht besprechen?
Vielleicht forschst du auch selbst, aus welcher Epoche wohl die Sprichworte kommen?
Vielleicht befragst du dich auch einfach selbst, gehst mal in Ruhe in dich und nutzt dein Wissen und deine Empathie und stellst dir vor, wer es wohl war, der dieses oder jenes Sprichwort erfunden hat!
Wer war er oder sie wohl? Warum fand er oder sie es wichtig?

Gemerkt hast du es dir ja... also ist es wichtig! (Und es kommt immer wieder... blättere ruhig weiter! :)

Ein Hauch Geschichte von mir:

Soweit ich mich recht erinnere nahm die Hebammenausbildung durch die Schwierigkeiten von Goethes Geburt ihren Anfang. Goethe wurde am 28. August 1749 geboren.

Uns ErzieherInnen gibt es auch nur wegen der Schwierigkeiten während der Industrialisierung. Das war auch so um 1800 (nach Christus) herum.

Schwierigkeiten können also durchaus Gutes hervorbringen, gelle?

Heute haben wir auch über Krisen gesprochen... ja, sogar Krisen können Gutes hervorbringen.

Alles hat immer **Voraussetzungen und Konsequenzen!**

Oder, wie mein guter Geschichtslehrer zu sagen pflegte:
„Auf jede Aktion folgt eine Reaktion!"

Die Industrialisierung nehmt ihr sehr wahrscheinlich mit eurer Lehrerin durch!

Aber nochmal zu Goethe: Er hat den Zwischenkieferknochen gefunden. Dieser kleine, kleine Zwischenkieferknochen war das entscheidende Bindeglied, um die Evolution zu bewähren. Dieser kleine, kleine Zwischenkieferknochen bewies nämlich, dass wir vom Affen abstammen. Ja, den hat Goethe gefunden....

Goethe war viel auf Reisen, zog um, floh auch. Im Alter nahm er seine Enkelkinder an die Hand und wanderte mit ihnen zu einem ganz kleinen Gedicht, was er mit Bleistift an eine Holzwand einer Hütte geschrieben hatte.

Ich mag am liebsten das:

> Über allen Gipfeln
> Ist Ruh,
> In allen Wipfeln
> Spürest du
> Kaum einen Hauch;
> Die Vögelein schweigen im Walde.
> Warte nur, balde
> Ruhest du auch.

Ich habe doch versprochen, dass es einen **Hauch** Geschichte gibt... :)

Und auch wir Erzieher nehmen Kinder an die Hand, gelle? Bitte!

Mit Goethe auf zu einer anderen Sprache:

Im „Heiderös´lein" schreibt er rot so: „roth".

An welche Sprache erinnert euch diese Schreibweise?

Von einer anderen Seite:

Was heißt wohl thinkst oder answerst?

Und für Schiller (Goethes Freund): bindest?

Das sind alles alte englische Formen für die zweite Person Singular im Präsenz!

Ja, es erinnert sehr an unsere deutsche zweite Person Einzahl Gegenwart, richtig?

Wer ist Schuld? ;) Die Angeln und die Sachsen!

Wink nach Leipzig, liebe Manuela!

Weitere Worte aus dem **Englischen**:

Rucksack

Kindergarten

Dachshund (für Dackel)

Und noch ein deutsches Wort: Handy

„Deine Zauber
binden
wieder, was die Mode streng geteilt.
Alle Menschen werden Brüder, wo dein sanfter Flügel
weilt."
(Schiller: Ode an die Freude
(Excerpt))

Mode hat auch wieder mit Zeit, dem Puls der Zeit, dem Puls des Lebens, der Jugend, Fashion zu tun.... aber auch mit Modus: (lateinisch) Art und Weise.

Na, aber gut jetzt, oder? Reicht mit Geschichte! Geschichte ist laaaaaangweilig!

Nur eins noch: Ich konnte keine Übersetzung von (Gedichte) „dichten" finden....

das ist wohl ganz schön deutsch... schön.

Wo sind wir denn jetzt eigentlich? Bei Sprachen oder bei Geschichte?

Mit dem Google-Translator finde ich auch im Französischen, in Esperanto, im Baskischen, im Niederländischen, im Lateinischen... auf den ersten Blick keine, für mich befriedigende Übersetzung von **dichten**, Griechisch kann ich nicht.

Das Spanische ist differenzierter. Hier gibt es gleich 13 Übersetzungen!

Eine Übersetzung lautet: rimar = reimen, dichten. :) Na? Schön, oder?

„Übersetzer" heißt auf Spanisch übrigens: **traductor.**

Und damit sind wir nach dieser kleinen Reise wieder ganz nah bei dir!

Traductor kommt nämlich aus dem Lateinischen und ist ein zusammengesetztes Wort aus **trans** (über...) und **ducere** (führen, ziehen).

Auf den Führer in Deutschland kann und will ich nicht stolz sein. Darum wähle ich das Ziehen. Ich übersetze mal zu herausziehen, indem ich aus dem Lateinischen ex und ducere zusammenfüge zu educieren. Und, solange keiner widerspricht, behaupte ich, dass ich dieses Wort erfunden habe! Aber ich bin eben keine Sprachwissenschaftlerin, ich bin nur eine kleine Erzieherin. Ich habe nichtmal das Abitur. Und ich habe den Faust gelesen. Und was sagt Goethe als Faust am Anfang in seinem Studierzimmer?

„Habe nun, ach! Philosophie,
Juristerei und Medizin,
Und leider auch Theologie
Durchaus studiert, mit heißem Bemühn.
Da steh ich nun, ich armer Tor!
Und bin so klug als wie zuvor;"

Hhmmm... ich habe gerade kalten Matjes mit gekochten, warmen Kartoffeln, rohen Zwiebelstückchen und klein geschnittenen Tomaten gegessen! Lecker und sehr gesund! :)
Tomaten sind tolle Pflanzen!!! Wo kommen die denn her? Forsche mal! Das ist Geschichte, Geographie, Biologier etc. in einem!!! :)

Was sagt der Faust weiter?

„Heiße Magister, heiße Doktor gar
Und ziehe schon an die zehen Jahr
Herauf, herab und quer und krumm
Meine Schüler an der Nase herum –
Und sehe, daß wir nichts wissen können!"

Einer von euch hat mir heute erzählt, dass an euch herangetragen wurde, dass ihr nicht immer eure Lehrer in Frage stellen solltet. Na, was sagt der große Faust dazu?

Fällt dir etwas auf? Nicht nur Kinder lieben Wiederholungen... Faust wiederholt auch ständig, das was wichtig ist.... Vergleiche mal, was er erst sagte und dann den zweiten Teil!

Und dann?

> „Das will mir schier das Herz verbrennen.
> Zwar bin ich gescheiter als all die Laffen,
> Doktoren, Magister, Schreiber und Pfaffen;
> Mich plagen keine Skrupel noch Zweifel,
> Fürchte mich weder vor Hölle noch Teufel –
> Dafür ist mir auch alle Freud entrissen,
> Bilde mir nicht ein, was Rechts zu wissen,
> Bilde mir nicht ein, ich könnte was lehren,
> Die Menschen zu bessern und zu bekehren."

Hm.... sehr selbstkritisch... aber für Erzieher geeignet?

„Bilde (..),
 Bilde (...),
bessern und zu bekehren."

Du willst doch bilden... du willst auch etwas verbessern und helfen, oder?

Hm....

Wie geht es weiter?

> „Auch hab ich weder Gut noch Geld,
> Noch Ehr und Herrlichkeit der Welt;
> Es möchte kein Hund so länger leben!
> Drum hab ich mich der **Magie** ergeben,
> Ob mir durch Geistes Kraft und Mund
> Nicht manch Geheimnis würde kund;
> Daß ich nicht mehr mit saurem Schweiß
> Zu sagen brauche, was ich nicht weiß;
> Daß ich erkenne, was die Welt
> Im Innersten zusammenhält,
> Schau alle Wirkenskraft und Samen,
> Und tu nicht mehr in Worten kramen."

Glück gehabt! **Magie**! Das machen wir nach! Nein, nicht genau so wie Faust. Faust ist gerade nicht so gut drauf... nehmen wir seinen guten Freund **Friedrich** Schiller und **ergeben** wir uns, aber doch bitte in die Freude! „An die Freude":

> „Freude, schöner Götterfunken,
> Tochter aus Elisium,
> Wir betreten feuertrunken,
> Himmlische, dein Heiligthum.
> Deine **Zauber** binden wieder,
> Was die Mode streng getheilt,
> Alle Menschen werden Brüder,
> Wo dein sanfter Flügel weilt."

Sollen wir dieses Kapitel zusammen erörtern oder wagt ihr es alleine?
Hast du dir Stellen farbig markiert?
Hast du ein wenig die Seiten bemalt?
War ja viel Stoff, gelle?

Nochmal die Methode:

a) Der Anfang ist ein Thema, eine Überschrift, eine These...
b) Vorteile aufzählen
c) Nachteile aufzählen
d Synthese
e) etwas mehr: deine Kreativität/ dein Werk/ deine Idee

Ich gebe dafür hier fünf leere Seiten. :) (Du musst nicht alles referieren! Es reicht, wenn du dir ein wichtiges Wort, einen wichtigen Satz oder irgendetwas in der Art heraus a r b e i t e s t oder heraus z i e h s t, was dir, ganz persönlich, wichtig ist.

Was wichtig ist, kommt sowieso immer wieder! :)

1.4. Medien

Welche Medien gibt es?

-

-

-

-

-

Das macht ihr ausführlich im Unterricht und wahrscheinlich seid ihr da euren Lehrern sogar voraus! :) Ja, die Jugend...

Also brauche ich euch nix zu erzählen, was ihr auch viel besser wisst als ich.

Ich möchte aber noch einmal gemeinsam erörtern:

Medium: **Schallplatte**

Vorteile:

- Kann ich anfassen. Fühlt sich für mich gut an! Kann ich auflegen auf den Plattenspieler.... <3
- Kann ich im Regal ordnen und sammeln und in meiner Sammlung stöbern, sie durchblättern.... <3
- Hat für mich einen sehr guten, mehrdimensionalen, tiefen Klang... <3
- Hält viel länger als eine CD oder eine Kassette.... <3
- Ist mit etwas Glück manchmal günstig zu bekommen.... <3
- Ich freue mich darüber, diesen bleibenden Wert aus meiner Kindheit und Jugend auch mit meinen Kindern und Freunden zu teilen.... <3
- Meine Platten sind für mich wahre Schätze.... <3

Nachteile:
- Sind groß und nicht so einfach zu transportieren wie CDs, Kassetten oder gar MP3s.
- Ordnen, Ordnung halten und pflegen macht Arbeit.
- Kann verkratzen und springen.
- Hält zwar länger, gibt aber viel weniger Auswahl, Zubehör etc., bin abhängig von „Liebhabern"... gehe nicht „mit" der Zeit und der Marktentwicklung.... ist speziell.
- Schallplatten sind teilweise sehr, sehr teuer! (VWL= Volkswitschaftslehre: Angebot und Nachfrage) – ist manchmal auch einfach nur noch Müll/ nichts wert.
- Ich kenne, außer mir, aktuell kaum Freunde, die auch einen Schallplattenspieler haben und zu denen ich mal Musik von mir mitbringen könnte. Meine Kinder noch weniger.
- Wie gesagt: Manche Platten kann man nichtmal verkaufen, weil sie keiner haben will... so landen sie im Müll... schade!

Synthese spare ich mir hier. Interessiert dich eh nicht, oder?

Etwas mehr ist diesmal etwas **weniger**:

Ich bleibe nämlich trotzdem einfach bei meiner Liebe zu den Schallplatten. Weniger kreativ und eher **konservativ**. Das ist neu! :) Siehst du? Immer mal was

Neues....

Weniger ist manchmal mehr.

Und damit ist es wieder Zeit für ein Bild!

a) Nimm bitte für diese Übung drei gute Buntstifte in den Farben Gelb, Rot und Blau!

b) Male nun auf dieser Seite bitte einen Kreis!

c) Unterteile diesen Kreis bitte in drei (etwa gleich große) Teile!

d) Male nun jedes Feld mit jeweils einer der drei Farben leicht aus.

e) Male nun mit dem gelben Buntstift vom Zentrum des Kreises nach außen über den Rand hinaus Strahlen. Mach´ das reihum mit jeder Farbe!

f) Nun male bitte mit jeder Farbe noch einmal **leicht** reihum **um den gesamten Kreis**!

1.5. Natur/kulturelle Umwelt(en)

Wie wäre es mit einer Portion Sozialraumanalyse?

Ich mache das mal mit einem Teil meiner Mittelstadt:

These: Ich arbeite in einem Naturerlebnisgarten des BUND e.V. mit einer Grundschule zusammen und sitze gerade an den Planungen für ein gemeinsames Projekt, für welches ich beim Landesjugendamt Projektgelder beantrage.

Vorteile:
- Der Naturerlebnisgarten ist eine unglaublich wertvolle Ressource! Hier gibt es ein Seminarhaus mit Toiletten und Küche, ein Lehm-Strohhaus, beide Häuser mit Kamin, einen überdachten Sitzplatz für ca. 18 Personen, einen Lagerfeuerplatz für ebenfalls etwa 18 Personen, eine „Lehmgrube", ein Weidentipi, eine Weidenlaube, einen Weidengang, eine Weidenspirale.... es gibt kleine Kulturgärten, Kulturpflanzen und Wildpflanzen, Wege und kleine Teiche.

- Es gibt die Grundschule in fußläufiger Entfernung.

- Es gibt ausreichend Parkplätze.

- Es gibt auf der einen Seite ein nahes Naturschutzgebiet mit einem schönen Bach, weiterhin landwirtschaftliches Gelände (landwirtschaftliche Straßen, Felder und einen „Bauernhof").

- Auf der anderen Seite gibt es in der Nähe einen türkischen Lebensmittelladen und zwei Kioske.

- vier Busse halten in fußläufiger Entfernung mit Anbindung zur Stadtmitte und Marl...

- Zu Fuß läuft man zur Stadtmitte in etwa einer halben Stunde.

- In der Innenstadt gibt es eine sehr gute Bibliothek mit vielen **Medien**.

- Es gibt mehrere Bäcker, Kaufland, das Rathaus, McDonald´s und über den Schlosspark und seine Ausläufer schließt sich wieder der Kreis zum landwirtschaftlich genutzten Gebiet und schließlich zum Naturerlebnisgarten.

Nachteile:

- lasse ich jetzt mal weg: Immer mal was Neues!

Kennst du ressourcenorientiertes Arbeiten?

Das heißt, dass man die Defizite eher beiseite lässt und lieber die Stärken weiter ausbaut.

Warum macht man das?

Es ist gut, selbstkritisch oder allgemein kritisch zu sein. Es raubt aber Kraft und Freude, wenn man sich (zu sehr) mit seinen Schwächen oder mit Problemen befasst.

Und erinnere dich: Wir wollen Zauber und Magie, gelle?

Das ist ein sehr guter und effektiver Weg.

Und mal im Ernst: Macht dir das Buch nicht (h o f f e n t l i c h) Freude, obwohl wir doch auch eine dicke, fette Menge an Stoff durcharbeiten?

Male jetzt mal ein Bild mit einigen wichtigen Worten, die du bis jetzt mit diesem Buch gelernt hast – ganz frei und so bunt wie du magst!
(Aber wieder nur mit den drei guten Buntstifen!)

Ich habe in diesem Buch mal gesagt, dass ich auf den Führer von Deutschland nicht stolz sein kann und wählte da lieber die Wortalternative „ziehen".

Dennoch habe ich auch schon ein Buch zum Thema Führung geschrieben.

Auch wenn ich den Führer sicher nicht gut finde, habe ich mich also auch mit dem Wort „führen" befasst. Das ist mein Job!

Education oder Edukation ist nunmal klar auch Führen!

In diesem Buch lade ich ein zur Ruhe und zum Friedenschließen. Diese Methode (habe ich, glaube ich, auch erfunden) möchte ich hier **jetzt** zeigen.

Sie ist ganz einfach.

Ich habe geschrieben, dass es sinnvoll ist, ressourcenorientiert zu arbeiten, weil man damit einfach mehr Kraft und Freude hat und somit auch viel mehr schaffen kann.

Du kennst schon den Situarionsorientierten Ansatz?

Der birgt das gleiche Geheimnis: Wir greifen die aktuellen Themen auf, die die Kinder beschäftigen. Dadurch sparen wir uns die Motivations-Arbeit.
Motivieren kann nämlich auch ganz schön mühsam sein! Frage mal deinen Lehrer!!!

Das Kind ist aber bereits motiviert. Vielleicht ist es ein freudiges Thema: voll easy!

Vielleicht ist es aber auch ein problematisches Thema, welches das Kind oder den Klienten gerade beschäftigt? Dann müssen wir da auch ran, gelle?

Zum Einstimmen wieder ein kleines Gedicht vom guten Heinrich Heine:

Wahrhaftig

Wenn der Frühling kommt mit dem Sonnenschein,

Dann knospen und blühen die Blümlein auf;

Wenn der Mond beginnt seinen Strahlenlauf,

Dann schwimmen die Sternlein hinterdrein;

Wenn der Sänger zwei süße Äuglein sieht,

Dann quellen ihm Lieder aus tiefem Gemüt;

Doch Lieder und Sterne und Blümelein,

Und Äuglein und Mondglanz und Sonnenschein,
Wie sehr das Zeug auch gefällt,
So machts doch noch lang keine Welt.

Ich habe euch gesagt, dass ich es als meinen Job empfinde,
meine Kinder an die Hand zu nehmen und ihnen
die ganze Welt an meiner Hand zu zeigen
– in sicherer Verbindung zu mir –
in Geborgenheit,
Zuverlässigkeit
und ganz viel Liebe!

Und das so lange, wie ich da sein kann und ich sie an die Hand nehmen kann!

Irgendwann werde nämlich auch ich nicht mehr da sein.
Meinen Job nehme ich sehr ernst und ich will ihn gut machen!

Ich leiste viel!

UND

Ihr habt gesehen, dass ich es mit Freude tue!

Ich schwitze kaum und gelange doch zu den Sternen (ad astra per aspera).

Ihr habt gesehen, dass ich durch meine schwere Krise wachsen konnte!
Ihr habt gesehen, dass ich trotz schwerer Traumata
ganz schön viel Kraft, Mut und Freude habe!

Werdet euch dieses
E r f a h r u n g s s c h a t z e s
jetzt noch mal gewahr
und haltet ihn fest!

Ihr braucht diesen Schatz für die nächsten Seiten!!!

Male bitte auf die nächste Seite ein dickes Herz und dann geht es weiter!

Jetzt geht es nämlich **gegen das Vergessen**!

Blümelein und Kindelein und Friede-Freude-Eierkuchen – das ist wahrhaftig nicht unsere Welt! Das weißt du und ich weiß, dass du nicht etwas, sondern sogar viel verbessern willst! Ich habe zugehört!

Wie kann man aber denn nur bei all dem Elend, bei Armut, Tod und Krieg Kraft und Freude bewahren?

Noch schlimmer: Wie soll man denn bitte mit traumatisierten, mit missbrauchten, mit misshandelten armen, zarten, schutzbedürftigen Kindern umgehen?

Welche Antworten kann ich denn schon geben, wenn sie mich fragen?
Kann ich ihre Lebenswelt verstehen?
Empathisch sein gegenüber dem, was sie miterleben mussten?

Das ganz klar FALSCHE und VERLETZENDE!

Ihr habt einen # Fehler gemacht: Ihr meintet, es ginge durch das Vergessen.

Der Fehler ist gar kein Problem! :) Ich sage euch aber, dass es mit dem Vergessen ganz sicher nicht klappt.

Warum das nicht klappt, hast du schon gelernt... durch Wiederholungen... hast du aufgepasst?

Was kommt immer wieder?

Das Falsche, die Fehler, die Verletzungen sind wichtig, gelle?

Sie sind ganz, ganz wichtig. Sie kommen immer wieder, weil nunmal das, was wichtig ist, immer wieder kommt. Erinnere dich: Du musst dafür nix arbeiten – es kommt von ganz alleine....

Es begegnet dir auf Plakaten, in Filmen, in Begegnungen und auch aus dem Kindermund oder auch dem Kindergesicht.

Wir sind soziale und empathische Wesen.

UND: Es geht! Mit Zauber, Liebe, Kraft und Freude!!!

Male bitte jetzt ein Herz, dass Hoffnung ausstrahlt!

Wir haben im Endeffekt noch gar nix zu Erziehungswissenschaften oder Psychologie gearbeitet, gelle?

Das sollten wir jetzt mal machen:

Das Instanzenmodell von Sigmund Freud zeigt im Zentrum das (starke) ICH, verbunden mit dem ES, in welchem die Triebe und Gefühle verortet sind, das ÜBER-ICH, in welchem kognitive Prozesse ablaufen und dein intellektuelles Wissen gespeichert ist und diese Gemeinschaft steht in Beziehung zur Außenwelt.

Das Instanzenmodell hat Vor- und Nachteile. Können wir aber später erörtern... Jetzt nehmen wir es erstmal so an, wie es ist.

Male bitte einmal das Instanzenmodell auf!

Nun habe ich das Starke vom ICH ja zuerst noch in Klammern gesetzt.

Unser Ziel und unser Job ist ein starkes ICH, richtig?

Ich verrate euch ein wichtiges Geheinmis:

Innen ist wie Aussen.

Oder anders: Wir nehmen die Welt nicht wahr, wie sie ist, sondern wie wir sind.

Auf´s ICH übersetzt:

ICH nehme die WELT nicht WAHR
wie sie ist
sondern wie ICH BIN

Da dies ein Kunstbuch ist, darf ich die Interpunktion weglassen. :)
Künstlerische Pflicht und Freiheit. :)

Aber wenn dies doch auch ein Fachbuch ist, warum ist es denn ein Kunstbuch?

Weil die Kunst ein ganz wichtiger Schlüssel ist!

Anstatt einer kompetten Erörterung wähle ich nun mal die Polarisation:

These: Früher liebte ich den Satz:

„Fear is the lock and laughter the key to your heart." (Crosby, Stills, Nash and Young)

Auf Deutsch heißt das: Die Angst ist das Schloss und das Lachen der Schlüssel zu deinem Herzen.

1. Pol: Ich blendete dabei die erste Hälfte des Satzes aus und betonte für mich immer vor allem das Lachen und den S c h l ü s s e l zu meinem wie auch deinem Herzen.
2. Pol: Später erst war ich in der Lage, auch die erste Hälfte wirklich wertschätzen zu können. Nämlich die Angst. Das Verschließen.

Alles zu seiner Zeit. Oder in diesem Fall: Alles zu meiner Zeit. Wie du siehst, kam dieser Satz immer wieder... von ganz allein... bis ich ihn endlich

ganz

wahrnehmen und wertschätzen konnte. Jetzt kann ich das mit dir teilen.

Die Synthese braucht noch ein bisschen....

Erst kommt noch ein **Fehler**:

Ein ganz schädlicher Fehler von Hobby-Psychologen, schlechten Erziehern, Menschen mit Helfersyndrom.... ist, dass sie das SCHLOSS nicht respektieren und wertschätzen können!

Ich gebe euch ein weiteres Geheimnis preis, aber diesmal veranschauliche ich auch eine ganz, ganz große Gefahr dabei!

Das Geheinmis lautet: Kinder malen in ihren Bildern das, was in ihrer Welt wichtig ist!

Wenn ihr demnächst in die Praxis geht, schaut euch also a u f m e r k s a m die Bilder an, die sie malen!

Nun ein schlimmer Fehler: Eine Erzieherin deutete ein Bild, welches ein Kind gemalt hatte, mal leider völlig falsch:

Das Bild zeigte einen Mann mit einem Schlauch, der spritzte.

Was dachte die Erziehrin? Klar: Das Kind malt das Erleben eines sexuellen Missbrauchs durch einen Mann.
Die Folgen könnt ihr mit eurer Lehrerin besprechen, wenn ihr sie noch nicht kennt.

Die Folgen waren auf jeden Fall schlimm für das Kind und die ganze Familie.

Das Kind wurde von seinen Eltern getrennt, es gab dann Ermittlungen und das Kind durfte wieder nach Hause.... trotzdem einfach scheiße! Gerade für junge Kinder!!!

Scheiße!

Wenn du also Bilder siehst, sei a u f m e r k s a m !

Wie sieht das Bild aus? Welche Farben hat das Kind gewählt? Welche Farben hatte es zur Verfügung?

Dazu noch ein Beispiel:

Ein Kind malte mal ein sehr schwarzes Bild.

Die Folgen waren wieder ähnlich schlimm.... Die Unachtsamkeit der Erzieherin: Das Kind hatte nunmal einfach nur einen schwarzen Stift zur Verfügung. So einfach!

Wieder scheiße!

Scheiße!

Sei also achtsam! Sei aufmerksam! UND: **Sei ruhig!**

„Ruhe ist die erste Bürgerpflicht." (Die Welle)

und

In der Ruhe liegt die Kraft.

Nehmen wir mal an, du kommst in deiner Praxis mit einem tatsächlichen Missbrauch in Kontakt!

Das Kind hat Schlimmes erlebt, richtig?

Wenn du etwas Schlimmes, wirklich Schlimmes, erlebt hast, brauchst du keinen, der in Panik gerät und alle verrückt macht!

Das Kindelein braucht jetzt jemanden, der für es da ist. Jemanden, der ihm Trost, Ruhe und Sicherheit gibt.
Vielleicht nur eine Hand, vielleicht nur ein Schoß und eine Umarmung, vielleicht eine Schulter zum Anlehnen und Ausheulen....

SICHER niemanden, der panisch herumrennt!

Sorry, aber dann doch lieber Niemand.

Erinnerst du dich an die Geschichte von Manuela und der Lehrerin, die nicht belastbar für die Sorgen und Nöte des Kindes war, das sich der Lehrerin anvertrauen wollte?

Dieses Kind wählte klar: lieber Niemand.

Und diese Wahl war (leider) sehr weise von dem Kindelein.

Kinder haben so unglaublich viel Kraft und Freude! Ich habe in der Krisenintervention der Jugendhilfe gearbeitet! Ich weiß das!

Also: Seid aufmerksam bei den Bildern!

L e r n t von den Kindern!!! Was soll der Scheiß denn jetzt schon wieder?

Du lernst und ackerst dich durch deine Ausbildung und sollst von Kindern lernen?

JA.

Ich verrate nämlich nochmal ein Geheimnis: Kinder sind von Anfang an ganz und weit. Sie beginnen mit der Gemeinschaft in welche Sigmund Freud die Instanzen eingebaut hat. Dazu könnt ihr ganz viele tolle Bilder malen!!! Ich mache jetzt aber erst noch ein bisschen Stoff:

Das Kind beginnt mit der Gemeinschaft, kommt in die Dyade und entwickelt sich dann immer mehr zum Außen.... gleichzeitig entwickelt es im Innen die Instanzen.... das ist auch so etwas wie eine Schallplattensammlung... :)

Durch Benennen von Gefühlen wird zum Beispiel das Über-ICH und das ES differenziert. Wie du dabei helfen kannst, habe ich schon erklärt: Einfach durch Wahrnehmen und benennen: „Ja, das ist Schmerz." oder auch „Ja, das ist Freude!" Oder noch einfacher und schöner:

Einfach durch da sein.... durch Zuwenden.... durch Wahrnehmen.... durch bestaunen und bewundern der Bewegungsfähigkeit des Kindes... durch bestaunen und bewundern seines Lachens... durch bestaunen und bewundern seiner Wortwahl, Sprachentwicklung.... Kreativität.... einfach Staunen und Bewundern!

Überlege dir mal, wie schön das wäre, wenn jemand dich regelmäßig bestaunen und bewundern würde!!! Was könnte dir denn da Schlimmes passieren?

Nehmen wir aber nun mal an, es kommt zu einem beunruhigenden Bild.

Sei aufmerksam und sei achtsam!

Eine Schwalbe macht noch lange keinen Frühling!

Und erinnere dich: Das Gedicht von Heinrich Heine handelt vom Frühling!
So wie Blümelein keine Welt machen, macht auch ein Bild noch keine Welt!

Erinnere weiterhin: **Was wichtig ist, kommt immer wieder!!!**

Ein Bild nimmst du also r u h i g zur Kenntnis und bist aufmerksam:
Was nimmst du n o c h wahr? Wie ist das Kind drauf? Lacht es? Was weißt du über das Kind? Was **s c h e n k t** dir das Kind?

Nehme die Geschenke an und sei dankbar dafür, denn du weißt ja auch, dass du von dem Kind lernen **sollst**! Ja. Das fordere ich!

Ergebe dich also. Nimm dein EGO zurück und beobachte in Ruhe.

Nimm an, was das Kind freiwillig schenkt und BOHRE AUF **KEINEN FALL**!!!

Begründung: Angst ist **Schutz**!

Ein verschlossenes Schloss ist ein SCHUTZ.

Ein Gewaltopfer braucht erstmal Schutz und Sicherheit.

Mit Ruhe und Respekt bist du also auf der sicheren Seite.

Bohre **niemals** etwas auf, dass du nicht auch sicher begleiten und auffangen kannst!

Ok?

Wie geht es weiter?

Jetzt entspannen wir uns mal wieder ein bisschen, ok?

Ganz einfach: Was wichtig ist, kommt immer wieder!

Was wichtig ist, bestimmt aber jeder selbst!

(Und die aller, allermeisten Wesen k ö n n e n das!)

Wenn es also wichtig ist, wird das Kind noch ein Bild malen!

(Es ist jetzt ziemlich egal, ob das Kind ein Bild malt oder ein anderes MEDIUM wählt. Vielleicht spricht dich auch ein Kind an? Vielleicht erzählt es von einem Erlebnis oder einem Märchen? Höre hin, höre zu, sehe, nehme wahr – mit DEINEN SINNEN!)

Noch ein Praxisbeispiel:

Ich kenne einen fünfjährigen, sehr begabten, Jungen, der immer und immer wieder Monster malt. Weiterhin erzählt er laufend von Zombie-Spielen, Kämpfen und Leveln.

Ich weiß, dass sein Vater Zombie-Spiele am Computer spielt. Ich kenne auch die Geschwister und die Mutter des Jungen.
Schon scheiße, oder?

Ich habe von Maria Montessori gelernt: „Hilf mir, es selbst zu tun!"

Ich hole also das Kind nicht nur da ab, wo es steht, sondern folge seiner Einladung, seine Welt mit mir zu teilen. (Nicht m e i n e Welt, sondern seine!)

Ich bin also aufmerksam. Ich höre zu. Ich male mit dem Kind. Ich lade auch ein... Ich „kämpfe" mit dem Kind... das Kind interessiert sich auch für Diamanten und Eisen... Stärke... ich kann es chemisch und naturwissenschaftlich bilden... das sind die

Aufträge, die ich vom Kind bekomme und ich mache dazu Angebote.

Das ist so ein großer Teilsatz! Erinnert euch an den Titel: Waaage!

Waagen und wagen!

Aufträge, die ich vom Kind bekomme und ich mache dazu Angebote.

Daher muss er jetzt nochmal her... :)

Die

Waage

wird

hier

deutlich.

Nun zum Wagen. Dafür brauchst du Mut.

Kein Über-Mut – kein Unter-Mut: Mut.

Fünf Medien dazu:

1. Ein Wortspiel: Ordnung ist das halbe Leben und MUT ist die Hälfte von MUTter. :)

2. Die Aufsichtspflicht fordert von uns, dass wir aufpassen wie eine gute Mutter.

3. „Reden, zuhör´n, fragen... was man will gleich sagen... das ist richtig, das ist gut, dazu braucht man etwas Mut! ... Zieh´ nicht gleich das Messer, reden ist viel besser!" (Die Lieder aus der Rappelkiste)

4. Das Märchen vom Dornröschen: Sie wird wachgeküsst von einem Prinzen!

5. „Seid umschlungen, Millionen,
 diesen Kuss der ganze Welt" (Schiller: An die Freude)

Ich bilde, ich differenziere, ich begleite, ich male, ich singe also mit diesem Jungen.

Glaubt mir! Wenn ihr einen klaren Hilfeauftrag bekommt, werdet ihr das sicher merken!

Kannst du schon ein glaubendes, vertrauendes Herz malen oder bist du noch bei Hoffnung?

Ich habe dir noch nicht verraten, welche Traumata und Gewalterfahrungen ich verkraftet habe. Das ich Kraft habe, hast du aber schon gesehen, richtig?

Mutig findest du mich doch bestimmt auch, oder?

Jetzt verrate ich wieder ein Geheimnis: Der blinde Seher offenbahrt Odysseus, dass er seine Geschichte bedenken soll und dass er k l u g und nicht listig sein soll!

Wir haben gerade den Prinzen ins Spiel gebracht, richtig?

Odysseus ist auch ein Königssohn.
Odysseus ist ein Held.
Er ist verdammt mutig!

Der blinde Seher sagt Odysseus aber auch ganz klar, dass er sich vor Übermut und Stolz schützen soll! Er soll seine Geschichte nicht vergessen, sondern bedenken!!!

Und jetzt kommt noch ein Geheimnis:

Auch wenn ich keine Prinzessin und auch keine Heldin bin, habe ich die Ratschläge des Sehers sehr genau befolgt!

Jetzt kommt eine Portion besondere Fachlichkeit... aufpassen! Es wird wieder **spannend**!

Thema: Retraumatisierung

Gewaltopfer vergessen, wenn sie möglichst „gesund" sind, ihre Gewalterfahrungen nicht, sondern sie spielen sie immer und immer wieder durch. Sie machen das so lange bis sie ihr Trauma fertig bearbeitet haben und aufgelöst haben.

Die Geschichte wiederholt sich immer und immer wieder, bis wir eine L ö s u n g finden.

Das ist gar nichts Großes. Das brauchen wir auch nicht zu erörtern. Das ist einfach so.

Dass weiß die Menschheit schon lange.

7 Medien:

1. Erinnern wir uns noch mal an die Grundlage eures Berufsstandes:
Die Voraussetzung war: Schwierigkeit aufgrund der Industrialisierung.

2. Erinnern wir uns an entwicklungspsychologische Voraussetzungen: Es braucht immer ein (ich-) Ungleichgewicht, dass zum lernen und forschen anregt. Dann macht sich das Wesen auf, malt, forscht, tastet, schmeckt... benennt, begreift.... löst die Aufgabe, gerät dadurch wieder ins Gleichgewicht bis zum nächsten Ungleichgewicht...

3. „… in Märchen und Gedichten erkennt die wahren Weltgeschichten....." (Novalis)

4. Sigmund Freud polarisiert mit dem Lebens- und Todestrieb.

5. Eugen Roth sagt: „Das Leben ist immer lebensgefährlich."

6. Die spiralförmige Entwicklung.... was wichtig ist, kommt immer wieder....

7. Eine märchenhaft, magische Zahl... :) und mein siebtes Medium ist: Die Bibel. :)

Das ist aber neu: Von meiner Erzieherkollegin Kathrin Wölfel habe ich gelernt:

Durchbreche die Gewaltspirale!

Na, das ist jawohl mal ein Ziel, oder?

Kommst du noch ein bisschen mit?

Nun biete ich mich noch einmal ganz persönlich als Medium:

Ich habe ja schon verraten, dass ich kein Abitur habe.
Ich habe auch mein Studium nicht abgeschlossen.
Ich verrate auch, dass ich weder Traumatherapeutin noch Psychologin bin.
Bin ich alles nicht.

Wie kann ich es also wagen, Versprechungen zu machen?

Wie kann ich es also wagen, von Sicherheit zu sprechen?

Wie kann ich es also wagen, dich auch noch mitnehmen zu wollen und dir Sicherheit und Mut zu vermitteln?

Ganz einfach: Ich habe die Odyssee hinter mir. Noch nicht ganz... aber ich schätze mal, dass nur noch fünf Prozent fehlen.

Ich komme nochmal kurz auf den fünfjährigen Jungen mit den Monstern und den Zombies zurück: Ich verspreche euch nicht nur von Herzen, sondern ganz und gar, dass ich für diesen Jungen a l l e s tue und tun werde!

Ich bin achtsam und wachsam.

Ich höre gut zu und sehe.

Und ich brauche nur ein Mini-Signal, um a l l es zu tun!

Nun aber nochmal – ganz wichtig – zu Odysseus und zu mir:

Warum kann ich so sicher sein?

Ganz einfach, weil ich 95 % meiner Sinne beisammen habe.

Und warum ist das so?

Weil ich meine Geschichte bedenke!

Ich habe dir von meiner schweren Krankheit erzählt. Natürlich war ich mehrfach Gewaltopfer. Das ist doch klar. Das ist gemein.

In gemeinsam steckt auch gemein.

Was ist nun alles gemein? Was ist Gewalt? Was ist ein Opfer?

Ein anderes Wort für gemein ist auch vulgär. Gewalt kann sich zum Beispiel in vulgärer Sprache äußern. Fäkalsprache ist vulgär. (Zur Mathematik kommen wir später noch...)

Scheiße, Pisse, Fotze, Opfer, Hure, Arschloch... ach... das kann alles verletzen. Das kann alles Gewalt sein. Ein Wort kann schlimmer verletzen als ein physischer Schlag!

Eine Mimik, eine Gestik kann auch mehr verletzen als ein physischer Schlag.

Ich möchte nicht hetzen und Leid erzeugen. Ich möchte sensibilisieren und Mut machen!

Daher wähle ich immer wieder die Waage.

Es war mir heute sehr wichtig, das Wesen der Aggression zu schildern, erinnert ihr euch?

ad - gredere kommt wieder aus dem Lateinischen und heißt nicht mehr und nicht weniger als „zu oder an" etwas „herangehen".

Kennst du Aggregatzustände aus der Chemie?

Das ist erstmal neutral.

Es gibt auch re-gredere, was mit Rückzug/ Rückentwicklung übersetzt wird.

Nun wieder zu Traumafolgereaktionen:

1. Fight – Kämpfen
2. Flight – Fliehen und auch fliegen
3. Freeze – Einfrieren

Ich ergänze noch 4. workflow – Arbeiten und fließen lassen!

Nochmal zur Aggression:

A) Ein Hund kommt freudig-aggressiv, schwanzwedelnd und energetisch auf mich zu, springt mich vielleicht sogar an. In guter Absicht. Ich habe aber vielleicht Angst vor Hunden oder habe aktuell eine Gleichgewichtsstörung oder schlechte Schuhe und glitschigen Untergrund oder bin kleiner und schwächer als der springende Hund....
KONSEQUENZ: Ich falle um. Das ist schon schlimm. Vielleicht verletze ich mich aber sogar. Vielleicht wird meine Angst vor Hunden noch viel mehr verstärkt?
Ich werde also geschädigt, obwohl der Hund doch echt nix Böses im Sinn hatte.

B) Ein Angreifer kommt in klar schädigen wollender Absicht auf jemanden zu. Dieser Jemand ist aber ein Kung-Fu-Meister. Der Kung-Fu-Meister wandelt die klar schädigenwollende Kraft in Unschädlichkeit um. Er bleibt heil.

C) Man darf nichts kaputt machen! Wie kriegt man die Nudeln aus der Tüte?

D) Man darf nicht schlagen! 1. Wie kriegt man aber dann den Nagel in die Wand?
2. Ein Haus brennt. Zwei Freunde stehen im Rauch. Der eine Freund ist panisch, hysterisch, orientierungslos, ausser sich... kann nicht hören, nicht sehen, nicht folgen. Der aktuell etwas „stärkere" Freund ohrfeigt den Kollegen. Durch diese „Schocktherapie" wird der Freund kurz „wach" und der besser orientierungsfähige Freund kann ihn an der Hand nach draußen führen.

Alles hat Voraussetzungen und Konsequenzen. Oder: Der Zweck heiligt die Mittel.

Mit der zweiten Weisheit ist das so eine Sache.... im Namen des „Heiligen" wurde auch schon jede Menge großes Un-heil angerichtet. Das ist milde ausgedrückt!

Denkt an die Kreuzzüge, an „Fundamentalisten", an Extremisten....

Was sagt Goethe als Faust nochmal?

> Zwar bin ich gescheiter als all die Laffen,
> Doktoren, Magister, Schreiber und Pfaffen;
> **Mich plagen keine Skrupel noch Zweifel,**
> **Fürchte mich weder vor Hölle noch Teufel –**
> Dafür ist mir auch alle Freud entrissen,
> Bilde mir nicht ein, was Rechts zu wissen,
> Bilde mir nicht ein, ich könnte was lehren,
> Die Menschen zu bessern und zu bekehren.

Skrupel und Zweifel plagen mich auch nicht. Ich fürchte mich auch nicht.
Goethe beginnt hier aber eine Tragödie. Die Tragödie verarbeitet Leid und Schmerz zum Zwecke der Reinigung (Katharsis), der Befreigung... er braucht das, er muss den Schmerz nochmal verarbeiten und wir können ihm alle sehr dankbar dafür sein!

Goethe kam erst im Alter mit seinen Enkeln zur Ruhe. Da hast du es besser. Du sitzt gerade in relativer Ruhe mit diesem Buch. In Sicherheit....

Was hat aber der Faust mit dir **gemein**?

Faust hat jahrelang seinen Kopf bedient und geackert und geschuftet... viel gelernt und studiert.... aber er hat seine Freude verloren – seine Lebensfreude – seine Lernfreude.

Damit das bei dir nicht passiert, schreibe ich dir dieses Buch.

Bleibe also angemessen entspannt und freudig.
Sei interessiert und plage dich nicht!

A) Ein Hund kommt **freudig**-aggressiv- **Kann** also Gewalt sein. Wer entscheidet, ob es zu einer Schädigung kommt? Wer entscheidet, ob und welche Täter und Opfer es gibt?

Beide! Hund und ich!

B) Ein Angreifer kommt in klar schädigen wollender Absicht... Wer entscheidet? Wieder beide!

C) Man darf nichts kaputt machen! Wie kriegt man die Nudeln aus der Tüte? Hier ist es ganz leicht. Die Tüte wird mir die Schädigung – bei aller Sensibilität – nicht übel nehmen....

D) Man darf nicht schlagen! 1. Wie kriegt man aber dann den Nagel in die Wand? So ist es auch bei der Wand und dem Nagel....

2. Ein Haus brennt. Zwei Freunde stehen im Rauch. ... „Schocktherapie" machen wir normalerweise nicht... Nothilfecharakter.... nicht unser Job.

Erinnere: Klug und nicht listig! Und in der Ruhe liegt die Kraft!

Neu:
1. Gewalt wird in Deutschland klar geächtet!

(Erniedrigende Erziehungsmethoden sind **verboten**!)

2. Gewalt darf nie gegenüber einem schwächeren – in welcher Form auch immer – angewendet werden!

Ausnahme: Nothilfe: **Ruf**nummer 110 oder 112!

Nun noch einmal differenzierter zur Gewalt:

Gewalt ist auch n e u t r a l !

Gewalt ist ersmal nur Kraft.... es gibt Naturgewalten.... Winde, Meere, Sonne.... das kann alles wunderbar sein und es kann schädigen.

A) Ich werde von einer Welle gegen einen Felsen geschleudert.

B) Ich werde von einer Welle im Atlantik zum Meeresboden gedrückt und durch den Sand gezogen.

C) Ich erleide einen starken Sonnenbrand. Lebensgefährlich! Alle drei - und dir fallen sicher noch mehr ein....

In Deutschland haben wir, was solche Gefahren angeht, doch ziemlich Glück....

Ist jetzt vielleicht mal wieder Zeit für ein Bild?

Ohne Anleitung?

Und noch ein Bild zu den Elementen Wasser, Erde, Feuer und Luft?

Danke!

Und noch ein Bild zum Thema Natur/kulturelle Umwelt(en)?

Nochmal: D a n k e !

1.6. Gesundheit/Bewegung

Kennst du die Bedrüfnispyramide nach Maslow?

Basale Bedürfnisse sind hier Essen, Trinken und Schlafen – seien wir ehrlich – ich habe euch von der Klinik erzählt... was wurde da noch täglich gefragt?

Wie mein Stuhlgang ist!

Das ist alles wichtig! Woran erkennst du das? Es kommt immer wieder. :)

Und es gibt echt einige basale Probleme hier in Deutschland: Darmprobleme sind ganz schön „in". „*Die Magersüchtigen*" waren heute auch Thema im Rollenspiel...

Schlafprobleme sind auch ganz schön verbreitet....

Trinken auch, gelle?

Hm.

Nach Maslow folgt in der Hierarchie dann das Sicherheitsbedürfnis oder genauer: Sicherheitsbedürfnisse, die mit materieller Sicherheit, Arbeit und Wohnen benannt werden.

Hm.

Danach folgen in der Hierarchie Soziale Bedürfnisse wie Liebe, Freundschaft, Gruppenzugehörigkeit.

Hm.

Danach folgen in der Hierarchie ICH-Bedürfnisse wie Geltung und Anerkennung.

Hm.

Zuletzt steht an der Spitze die Selbstverwirklichung.

Dazu hatte ich auch mal ein Gespräch mit einem Erzieherkollegen. Er meinte, bei ihm seien so ziemlich alle Bedürfnisse erfüllt, nur mit der Selbstverwirklichung hapere es noch....

Was wichtig ist, kommt ja immer wieder und ich wiederhole auch gerne nochmal:

Lerne vom Kind! Das ist ganz schön selbst und wirklich!
Es ist SELBST und WIRK-LICH.

Beobachtet in der Praxis mal, wie unglaublich schaffensfreudig, gerade kleine Kinder sind! Die lachen, malen, bauen, rennen, klettern den ganzen Tag – bis zur Erschöpfung... dann schlafen sei ein bisschen – tief und effektiv – und dann geht es weiter! Abendbrot, eine Geschichte und wieder tief und effektiv schlafen und dann: Carpe diem!

Vielleicht habt ihr sogar Glück und könnt mal einen Säugling beobachten oder sogar halten? Wie großartig können die ruhen und sich wohl fühlen – und auch schreien!

Super effektiv! Super erfolgreich! (Überwiegend.)

Ich wette: Du „chillst" mehr, oder?

Ich weiß, dass ich jetzt jemandem „auf den Schlips trete", aber ich möchte es mir nicht verkneifen: Was wünschen sich so manche Erzieher? Snoezel-Räume! Natürlich im Sinne der Gesundheit, ne?

Hallo! Die Zeit im Mutterleib dauert so ungefähr neun Monate.
Dann kommt die Geburt und der Weg in die Welt! Ab-Nabeln.

Alles zu seiner Zeit.

Nochmal zur Wahrhaftigkeit und zur Welt: Frühling!

Die Zeit des Winterschlafes und der Stratifizierung ist vorbei.... die Saat geht auf!

Alles zu seiner Zeit!

Pünktlichkeit ist eine deutsche **Tugend**.

Nun habe ich dich ja schon ein bisschen auch auf Zeitreisen mitgenommen.... mit dem Medium Bibel waren wir bei 0 und mit dem alten Testament sogar schon davor... nicht schlecht!

Hihi.... aber du ahnst es vielleicht? Pyramide? Na?

Was heißt denn eigentlich Hieroglyphe übersetzt? Sowas wie „heiliges Zeichen".

Was heißt dann „Hierarchie"? Heilige Herrschaft.

Es gibt dann noch die MonARCHIE, die Oligarchie, die Polygarchie... die Polis, und bei uns? Die DEMO-Kratie. :)

Ich überreiche dir aber jetzt das Zepter und lade ein, die Pyramide ruhig mal zu zerschlagen oder auch zu erhalten oder auch etwas ganz anderes zu erschaffen.... das kannst du!

Male einfach mal dein Bedrüfnisbild!

Alles zu seiner Zeit.

Holen wir nochmal die Traumareaktionen hervor:

Ich ordne mal:

1. Fight = Geburt und Frühling = da ist auch Kampf und Kraft drin, oder? Ein Bild?

2. Flight = Der Löwenzahnsamen fliegt und verteilt sich nach der Blütezeit.... die Blätter trennen sich im Herbst vom Baum zur angemessenen/ angepassten Feuchtigkeits- und Lebenskernbewahrung – in sicherem Vertrauen, dass sie im Frühling wieder sprießen werden.....

3. Freeze = Winter... :)

Das passt wieder in unseren guten alten Dreierkreis, gelle?

Malst du ihn?

Hast du den Work-Flow auch gemalt?

So, ich komme jetzt zum Schluss... Was habe ich noch versprochen und nicht eingehalten?

Die Methode des Friedenschließens aus „Führen und Folgen" :)

Die geht so: In Ruhe schaut man sich alle möglichen Gefahren oder auch Ängst oder Probleme an. Man braucht sie einfach nur wahrzunehmen und ihnen zu gestatten, dass sie da sein dürfen.

Das war es schon.

Und das hast du eigentlich schon ganz schön geübt mit diesem Buch, oder?

waagen und wagen – solve et coagula

Die Waage:

Hier erzähle ich eine Geschichte, die ich schon oft erzählt habe:

Während meiner Genesungsbegleiterausbildung habe ich mal den SOC, den sense of coherence, den Kohärenzsinn mit schwarzem Edding auf ein Plakat gemalt:

Ich malte einfach eine Waage. Ganz simpel.

Jetzt stehe bitte einmal auf, stelle dich bequem hin und öffne deine Hände wie zwei Waagschalen. Tariere dich aus... fühl´ dich, konzentriere dich auf dich, deine Füße, den Boden, gehe von den Füßen durch deinen Körper in die Hände, tariere aus, gehe in den Kopf... atme so ein und aus wie du gerade magst.... Wie fühlst du dich an?

Und ich finde, dabei können wir es für heute belassen.

Lassen und vertrauen.

Ich finde, du warst ganz schön mutig!

Jetzt habe ich noch eine Bitte:

Malst du mir ein Bild und schickst es mir?

Meine Adresse lautet:

Katja Wisniewski
Über den Knöchel 32
45699 Herten
Deutschland

DANKE!

Und ganz herzlichen, ganzen und weiten Dank auch hier noch einmal an

LebensART Münster

und ihre Förderung!

DANKE!